Erika Kieser · Tanz der Tiefe und der Weite

Erika Kieser

*Tanz der Tiefe und
der Weite*

Gedichte

FOUQUÉ LITERATURVERLAG
Egelsbach · Frankfurt a.M. · München · Bremen · New York

Die Deutsche Bibliothek - CIP-Einheitsaufnahme
Kieser, Erika: Tanz der Tiefe und der Weite : Gedichte / Erika Kieser. -
Egelsbach ; Frankfurt (Main) ; München ; Bremen ; New York: Fouqué, 1999
ISBN 3-8267-4306-7
NE: GT

©1999 Fouqué Literaturverlag
Imprint der Verlagsgruppe Dr. Hänsel-Hohenhausen®
Egelsbach ; Frankfurt (Main) ; München ; Bremen ; New York
Boschring 21-23 · D-63329 Egelsbach · Fax 06103-44944 · Tel. 06103-44940

ISBN 3-8267-4306-7
Erste Auflage
1999

Satz und Lektorat von Rolf Sieben

Dieses Werk und alle seine Teile sind urheberrechtlich geschützt.
Nachdruck, Vervielfältigung in jeder Form, Speicherung,
Sendung und Übertragung des Werks ganz oder
teilweise auf Papier, Film, Daten- oder Ton-
träger usw. sind ohne Zustimmung
des Verlags unzulässig und
strafbar.

Printed in Germany

Inhalt

Inselreise	7
Der Läufer	8
Beschwörung	9
Geliebte der Sonne	10
Ich will sein	11
Guten Morgen	12
Verstummt	13
Ein Geheimnis	14
Adler	15
Sehnsucht	16
Energie vom Himmel	17
Du Gott	18
Tiefe Liebe	19
Ich lasse mich fallen	20
Das goldene Herz	21
Zeit des Lebens	22
Atem der Erde	23
Die Saite mit dem klaren Ton	24
Leben	25
Zeit der Nebel	26
Auf dem Berg stehen	27
Inseltanz in Griechenland	28
Auf meinem Weg	29
Ergreife das Leben	30
Genuß des Augenblicks	31
Sich dem Leben geben	32
Ich gebe frei	33
Hoffnung und Zukunft	34
Griechenland	35
Verschmelzung	36
Manchmal spürst Du Ewigkeit	37
All diese Gefühle	38

Zukunft 39
Sterne 40
Der Meteorit 41
Sonnenuntergang an einem heißen Sommertag 42
Rosen fallen nicht vom Himmel 43
Ich öffne mich 44
Olivenbaum 45
Abendrot am Horizont 46
Tanz in Pilion - Ostgriechenland 47
Leichtigkeit 48
Es gibt eine Zeit 49
Eine kleine Ahnung 50
Kindheit 51
Mein Schatten - ein Phänomen 52
Der Gesang des Meeres 53

Inselreise

Ein enges Tal.
Schweiß rinnt von meiner Stirn. Über steinige, staubige Straße, mit dem Bus ohne Klimaanlage Richtung Meer. Alte Männer mit grauen Bärten, ein Priester im schwarzen Talar und alte Frauen mit schwarzen Kleidern und Kopftüchern um mich herum. Die Luft geschwängert mit Knoblauchduft.
Theodorakismusik aus dem Lautsprecher. Durstig, müde und schweißgebadet fahren wir mit quietschenden Bremsen durch Schluchten und Serpentinen bergauf und bergab.
Vorbei an Olivenhainen, Weinbergen, Feigenbäumen, wilden Ziegen, malerischen Bergdörfern führt unsere Fahrt hinab zum Meer. Dort, wo alle Mühen der Fahrt vergessen sind. Tsatsiki steht auf dem Tisch, Mousaka und griechischer Salat mit Schafskäse, Weißbrot, Wasser und Wein. Der Tisch wackelt, der Stuhl ist unbequem, das Meer rauscht und begrüßt uns mit dem Schlag seiner Wellen. Die Sonne versinkt am Horizont.
Griechenland, wie liebe ich dich.

Der Läufer

Leicht und beschwingt läufst Du an mir vorbei. Ich blicke Dich an und möchte Dich festhalten. Doch es gelingt mir nicht. Ich möchte Deine Leichtigkeit ergreifen, doch ich erkenne, die Leichtigkeit läßt sich nicht festhalten. Sie ist nicht greifbar. Aber ich kann sie für mich selbst finden. Ich muß lernen, die Leichtigkeit des Laufens für meinen Körper und Geist zu finden. Meine eigene Art, mich zu bewegen, meinen Rhythmus, meinen Ausdruck, meinen Atem. Du Läufer kannst mir nur Vorbild sein, das Ziel der wunderbaren Leichtigkeit des Laufens zu finden. Der Weg zu dieser Leichtigkeit für meinen Lebenslauf aber wohnt in meinem Herzen.

Beschwörung

Vergangenheit, dunkle,
weiche aus meinem Herzen,
Vergangenheit, weiche mit
Schmerzen.
Vergangenheit, komm nie mehr
wieder in meine Glieder.
Vergangenheit, ich laß
Dich zurück und nehm
Dich nicht mehr mit
kein Stück.

Geliebte der Sonne

Ich sehe mich als kleines Mädel mit etwa sieben Jahren. Regen fällt vom Himmel. Ich gehe mitten in unseren Hof hinein, um zu tanzen vor Glück und Lebensfreude.
Am Ende des Tanzes breite ich meine Arme aus zum Himmel empor, und es geschieht, was ich mir wünsche. Der Regen hört auf, und die Sonne kommt hervor, zusammen mit einem herrlichen Regenbogen am Horizont. Ich fühle mich von der Sonne geliebt. Glück durchströmt meinen Körper und mein Herz, wenn ich mein Angesicht der Sonne zuwende. Aus dem Leben ein Fest machen und immer wieder mitten im Leben und Regen meine Hände zum Himmel erheben und Sonne empfangen.

Ich will sein

Ich bin oft im war, häufig im wird, selten im sein, im jetzt sein, im sich sein.
Manchmal bin ich in einem schnell mal dort sein, schnell noch da sein, überall sein, nirgendwo sein. Ich versuche zu sein, und bin doch nicht.
Wann nur bin ich – ich sein.
Wann nur bin ich – mich sein.
Ich muß dem war – dem soll, dem werde, dem muß – entsagen.
Ich will lernen, zu sein im sein.
Glücklich sein, traurig sein, ja sein, nein sein,
ärgerlich sein, liebevoll sein, unvollkommen sein,
barmherzig sein,
lustig sein,
in meiner Mitte sein,
jetzt sein, da sein, ewig sein –

Guten Morgen

Es friert mich, wenn ich Sie sehe –
Soll ich mir ein Lächeln abquälen, vielleicht ein gelogenes Lächeln aus Höflichkeit.
Guten Morgen, das ist leicht gesagt, wenn mir der Appetit vergeht
und meine gute Laune einfriert.
Guten Morgen – vielleicht
hoffentlich Morgen,
wenn ich mit Ihrer Hochnäsigkeit klarkomme,
das wünsche ich mir von Herzen für mich,
dann wünsche ich Ihnen von Herzen einen Guten Morgen, mit einem ehrlichen Lächeln.

Verstummt

Es ist so still in mir
- Verstummt -
ist der Gesang der Seele
- Verloschen -
die Flamme
Versunken die Sonne
Trübe das Meer -
und ohne Rauschen
Kein Vogel fliegt
Dunkel ist der Horizont
Es ist so still
um mich herum - zu still
- Verstummt -

Ein Geheimnis

Ich bin glücklich, ich zu sein,
jetzt zu sein,
da zu sein,
so wie ich bin, zu sein.
Natürlich sagen andere:
„Du hast es nicht schwer,
 glücklich zu sein!"
Wer hat es schon leicht,
glücklich zu sein.
Keinem fliegt das Glück zu.
Glück verbirgt sich vor uns Menschen. Wir müssen das Glück täglich suchen. Für manche kann es heißen, welch Glück, daß dieser Tag vorbei ist. Ich will mich jeden Tag auf den Weg machen, das Geheimnis des Glücks zu entschlüsseln.

Adler

trage mich empor zu den mächtigen Weiten der stärkenden reinen Höhe, über den Wolken, die mich zum König der Freiheit werden läßt.
Getragen von mächtigen Schwingen, die mich sanft und ruhig gleiten lassen. Sie tragen mich durch Wind und Wolken, Sturm und Regen, sie tragen mich zum Felsen, von welchem aus ich am Horizont die Sonne wie einen feurigen Ball über dem Meer untergehen sehe.
Dort an diesem Felsen findet meine Seele – Ruhe – Frieden – dort frage ich nichts mehr, dort stehe ich staunend still und werde ruhig über diese kleine Welt.

Sehnsucht

Sehnsucht – Sucht sich zu
sehnen.
Sehnen zu suchen.
Neues unentdecktes Land
suchen
Freiheit suchen
Das volle Leben suchen
Sehnsucht nach Sonnenlicht
Sehnsucht nach Meeresrauschen,
nach Berggipfeln,
Waldlichtungen,
Sehnsucht nach fliegen,
schwimmen, tanzen,
nach dem vollen Leben
Lebenssucht.

Energie vom Himmel

Energie von Wald und Flur.
Tau bedeckt den Boden; Nebel liegt über dem Tau wie ein Schutz. Tau der Unschuld, weiche nicht von der Welt.
Tau der Unschuld – Morgentau.
Rote Himmelsstrahlen über meinem Haupt, am strahlend blauen Himmel rufen mich hinaus in Wald und Flur. Heute öffnet sich ein weiter Blick über das bunte Tal des vollendeten Jahres. Kein Platz von Menschenhand ist schöner als dieser.
Ich sitze auf einem Baumstumpf, umgeben von Wald, Wiesen, Tal und Bergen. Den Berghang hinunter wälzt sich ein Baumteppich: Dunkelgrün, hellgrün, braun, rot, gelb, wie es schöner nicht sein könnte. Noch liegt ein wenig Nebel im fernen Land, aber bald lichtet sich der Horizont, und ich sehe klar die Straße der Zukunft.
Bunt und prächtig bist du geschmückt, voller Liebe im Detail, doch einfach natürlich und schlicht, mit den Farben der Natürlichkeit.
Braun, grün, gelb, orange und blau. Ich atme tief durch und fülle meine Lungen mit klarer Luft. Mit jedem Atemzug weicht die Nacht aus den Gebeinen, die Tiefe und das Verhängnis.
Guter Atem füllt meine Seele und meine Gedanken.
Guter frischer Wind reinigt mein Blut. Ich aber erkenne klar meine Straße und finde mein Ziel.

Du Gott

Ich war lange per Du mit Dir. Auf Du und Du sozusagen. Ich und Du, ein Thema für sich. Ich wußte, wie ich Dich erreiche. Ich kannte wunderbare Gebete. Ich habe immer an Dich geglaubt und Dir vertraut, Deinem Plan für mein Leben, bis ich beinahe daran zerbrochen bin. Ich dachte zumindest, es sei Dein Wille für mein Leben – Dein Weg. Ich habe gebetet und gewartet auf Glück und Lebensfreude. Ich habe mich eingegrenzt, ich habe Dich eingegrenzt. Ich habe mir ein Bild von Dir gemacht, eingerahmt, aufgehängt, angebetet, still gestanden. Eines Tages habe ich es abgehängt, Leere zurückgelassen. Dann bin ich aufgebrochen, hinausgelaufen, habe Freiheit und Weite gefunden, Lebensfreude und Zufriedenheit. Ich bin so froh, ich habe kein Bild mehr von Gott, mit dem ich per Du bin.

Tiefe Liebe

widerfährt Dir, denn auch Du liebst tief. Stärke widerfährt Dir, denn auch Du bist stark. Wahrhaftigkeit widerfährt Dir, denn auch Du bist wahrhaftig. Heimat widerfährt Dir, denn auch Du schenkst Heimat. Lachen widerfährt Dir, denn auch Du schenkst Lachen. Geborgenheit widerfährt Dir, denn auch Du schenkst Geborgenheit. Angenommensein widerfährt Dir, denn auch Du nimmst an. Glück und Erfüllung widerfährt Dir, als würde es für Dich bestimmt sein.

Ich lasse mich fallen

Ich lasse mich treiben auf dem Meer meiner Gefühle, Empfindungen, Gedanken.
Ich bin bereit, im gestern zurückzulassen, abzugeben, loszulassen. Alles was häßlich ist in mir, alles was Haß ist in mir, alles was Verbitterung ist in mir, Härte, Ungerechtigkeit, Lieblosigkeit, Traurigkeit, Verzweiflung, Verlorenheit.
Ich lasse es los und gebe es frei,
damit es verschlungen wird von der Tiefe des Meeres.
Hinausgetrieben und aufgefangen von unendlich großer Liebe.
Aufgelöst, so, als hätte es dies alles niemals gegeben.

Das goldene Herz

Die großen schwarzen Raben haben das goldene Herz mitgenommen. Sie haben es gestohlen und ins Land der Finsternis entführt. Sie haben das Gemüse aufgefressen. Die Blumen lassen die Köpfe hängen. Die Bewohner dieses Landes, das viele auch das Land der Traurigkeit nennen, wirken äußerlich oft nicht arm. Sie haben Nahrung und Kleidung und doch liegt ein Schatten auf ihrem Angesicht. Der Ausdruck ihrer Augen ist starr und unbeteiligt. Es sind Menschen, die noch vor kurzem voller Lachen, Träume und Hoffnungen waren. Doch plötzlich über Nacht haben sie sich verändert, und keiner weiß warum. Sie selbst sind verstummt und finden auch keinen Weg heraus aus dem Land der Finsternis. – Jedenfalls muß etwas geschehen, damit sich ihr Herz wieder erwärmt.
All diese Menschen vermögen in ihrer Umgebung Wärme zu verbreiten. Über alle schweren Wege ihres Lebens haben sie ihr warmes Herz nicht verloren. Aber eines Tages kamen die großen schwarzen Raben aus dem Land der Finsternis und haben ihr goldenes Herz gestohlen. Sie haben es mitgenommen, einfach so aus Habgier, ohne sich bewußt zu machen, was sie für einen Schatz gefunden haben. Die Raben sind an keinen Ort zurückgekehrt, an dem sie ein goldenes Herz gestohlen haben. Das Land der Finsternis braucht goldene Herzen. Trotzdem ist es in diesem Land immer dunkel. Doch was geschieht mit den Menschen, die ein kaltes Herz haben? Sie müssen auf die Suche gehen und ihr goldenes Herz suchen.
Eines Tages wird sie der Strahl der Morgensonne erreichen. Doch es braucht viel Zeit. Oft wird die Sonne aufgehen und untergehen, ehe sie wieder befreit durchatmen und sie eines Tages ihr Fenster öffnen, ihr Arme zum Himmel emporheben und die Sonne ihr Herz erwärmt. Wenn das geschieht, dann haben sie ihr goldenes Herz bald wiedergefunden.

Zeit des Lebens

Die Blumen sind erfroren.
Ich stehe am Grab eines jungen Lebens –
Die Sonne scheint warm,
bald wird es Frühling –
Still ist es um mich herum –
Die Stille nach dem Sturm –
Mein Atem geht leise nach einer weiten Reise, meine Gedanken sind Erinnerung.
Die Blumen sind erfroren.
Ich hoffe auf den warmen Frühling.
Wir decken die erfrorenen Blumenkränze ab, der Duft frisch gemähten Grases erfüllt die Luft. Die Motoren der Traktoren dröhnen vom Tal herauf ans Grab. Die Luft wird erfüllt von Leben und Summen der Bienen.
Die Blumen blühen auf dem Grab. Ich stehe hier und nehme Abschied. Es ist Sommer geworden. Dort, wo Du bist, wird immer Sommer sein.

Atem der Erde

Die Seele ist ein weites Land. Ich spüre die Nähe des Frühlings.
Die Sonne wird die Erde wieder wärmen. Die Blumen entfalten ihre Schönheit, ihren Duft.
Es ist, als atme die Erde tiefer. Das Leben geht langsamer, denn Glück lacht an jedem Morgen und umarmt mich mit großer Kraft. Das Glück umarmt mich und wärmt mich, so, als gehöre es mir. So, als wäre es für mich erfunden worden.

Drei Namen hat das Glück.
Ich nenne es Liebe.
Ich nenne es Lachen.
Ich nenne es den Atem der Erde.

Die Saite mit dem klaren Ton

Wo meine Seele für Dich gesungen hat, zerrissen ist die Saite mit dem klaren Ton. Dein Platz in meinem Herzen – mit dem Schwert durchbohrt.
Ich spüre sie, die kalte Schulter, die mein Tasten nach Wärme abschüttelt
ohne Worte.

Leben

Aufstehen – bewußt sein
fühlen – tief einatmen.
Hören, sehen, riechen, schmecken,
etwas in Angriff nehmen,
etwas verwirklichen.
Tanzen,
in der Natur sein, genießen.
Mit Menschen teilen.
Ein Fest feiern.
Dankbarkeit empfinden.
Einen schweren Weg gehen –
und nicht verzagen.
Einen Menschen begleiten
durch Not.
Stark sein, schwach sein,
Träumen vom Fliegen
und das Lachen
nicht verlernen,
das der Gesang der Seele ist.

Zeit der Nebel

Zeit der kleinen Schritte.
Dicht um mich herum Nebel.
Seltsam, im Nebel zu atmen.
Es ist kalt und dunkel,
ich erkenne keinen Weg.
Zeit der kleinen Schritte.
Ich fühle mich verloren
im Nebel.
Zeit der kleinen Schritte,
bis der Nebel weicht,
bis die Sonne aufgeht.

Auf dem Berg stehen

Tief einatmen, die klare Luft des neuen Seins.
Das Tal der Tiefe zurücklassen.
Auf dem Berg stehen, Weite fühlen.
Sich dem Himmel nahe fühlen.
Stärkende Energie aufnehmen.
Heute das Gestern zurücklassen.
Auf dem Berg stehen,
seinen Blick erheben und wissen, wenn du hinuntersteigst,
wird alles anders sein,
denn Du bist anders.
Du hast Dich verändert.
Du weißt um Deinen Platz in dieser Welt.
Du siehst die Welt an, und
Du spürst Liebe für das Sein.

Inseltanz in Griechenland

Lachen und tanzen will ich,
auch wenn ich schwanke.
Lachen und tanzen will ich,
auch wenn ich zerschlagen wurde und gelähmt.
Tanzen will ich,
den Tanz des Meeres,
den Tanz der Tiefe
und der Weite,
den Tanz der Freiheit.
Ich wurde gelähmt durch die Tiefe,
aber ich tanze wieder,
auch wenn ich schwanke.
Ich tanze zwischen Safran, Rosmarin, Thymian und Oregano,
zwischen Feigenbäumen, Felsenschluchten und Orangenhainen.
Ich tanze am Meer und beim Untergang der Sonne.
Ich tanze bei
Sonnenaufgang,
und wenn die Zikaden zirpen.
Ich tanze, wenn die
Sterne leuchten.
Ich tanze im Traum,
wenn ich schlafe.

Auf meinem Weg

Schatten auf meinem Weg.
Schatten der Angst, der Zweifel,
der Unvollkommenheit.
Schatten der Mutlosigkeit,
Schatten um mich herum.
Doch das Rad des Schicksals
wendet sich über der
Unendlichkeit des Meeres.
Die Sonne geht auf am
Horizont.
Ein neuer Morgen bricht an.
Sonne auf meinem Weg.
Selbstbewußtsein,
Mut, Stärke, Licht.
Sonne um mich herum.
Sonne auf meinem Weg.

Ergreife das Leben

Erfaß es ganz, nicht nur ein
bißchen vom
Freudentanz,
laß es laufen, wie der Bach
vom Berge rauscht,
spring über Felsen und
Schluchten, erobre
Küsten, Strände und
Buchten.
Geh durch Wände,
nur nicht so zaghaft,
greif zu, wenn der Tag
lacht!
Genieße den Augenblick
und glaube an Dich,
dann wirst Du es
finden, das Leben
an sich.

Genuß des Augenblicks

Dies ist kein Tag, der in die Geschichte meines Lebens eingeht, und doch fühle ich mich vollkommen eins mit mir und mit dem Leben, das sich mir schenkt. Dieses Seligsein in sich – es ist nicht das Glück desjenigen, der nichts weiß von dem Unglück in dieser Welt. Es ist das stille Glück eines Menschen, der um das Unglück weiß und der in diesem allem ein Vertrauen in sich und sein Leben wiedergefunden hat.
Der Glückliche – der sich dem Genuß des Augenblicks hingeben kann und dahinfließt,
mit seinen Träumen, mit seiner Seele, seinen Hoffnungen,
die seinen Weg ebnen.

Sich dem Leben geben

Sich ergeben dem Vergehen
und dem Werden.
Sich nicht ergeben in Resignation und Versagen.
Sich ergeben in seine Einzigartigkeit.
Sich seinem Leben geben,
Kreativität verwirklichen.
Tue, was Du willst,
wage, was Du träumst,
und dann erschrecke
nicht, wenn sich das Leben Dir ergibt.

Ich gebe frei

Frei in den Himmel hinein,
das Vergangene in
Vergessen,
frei in den Himmel hinein,
die Gefühle, die verschwendeten,
frei, frei an die, die mich lieben.
Ich binde meine Sehnsucht an keine Menschen
Ich gebe sie frei,
frei in die Welt hinein.
Ich halte meine
Lebensfreude nicht zurück.
Ich gebe sie frei, frei in
die Welt hinein.

Hoffnung und Zukunft

Unser Herz geht durch Schluchten, Täler und Berge,
bis es Heimat in sich findet.
Es macht sich Hoffnungen,
wo keine Hoffnung ist.
Es macht sich Zukunft,
wo keine Zukunft ist.
Hoffnung und Zukunft wohnen nicht da,
wohin unser Herz sich sehnt,
fern und unerreichbar –
nicht unser Schicksal –
nicht unser Weg.
Hoffnung wohnt gleich um die Ecke, und
Zukunft kommt zusammen
mit dem Morgenrot.

Griechenland

Heimat meiner Seele, Verbundenheit meines Herzens, Friede soll Dir beschieden sein. Die atemberaubende Schönheit des Meeres soll Dich segnen und die Sonne Deine Gegenwart und Zukunft begleiten. Ich werde immer zurückkommen und mich Dir zu Füßen legen und staunend meinen Blick erheben, um überwältigt zu sein von der Schönheit des Sonnenuntergangs über dem Meer, der niemals derselbe ist.

Verschmelzung

Wieder ein Tag – vorbei, und ich kann die Zeit nicht anhalten. Warum sollte ich sie auch anhalten. Das Heute vereint sich mit dem Gestern und verschmilzt mit dem Morgen, um letztendlich immer nur den Augenblick zu kennen, der sich Gegenwart nennt.

Manchmal spürst Du Ewigkeit

Manchmal erhebst Du Deinen Blick, und alles um Dich herum ist Schönheit

Alles ist ja
alles ist Himmel
alles ist Glück
alles ist Liebe
alles ist Lachen

Manchmal ist der Mond rund, und Du hast das Gefühl, als würde die Sonne immer für Dich scheinen.
Manchmal versetzt Du Berge und schwimmst durchs Meer.
Kein Weg ist Dir zu weit.
Du kennst Deinen Weg, und was Du tust, ist gut für Dich, denn Du hörst auf die Stimme Deines Herzens.
Manchmal geht es Dir so,
im Lande der Lebendigen.

All diese Gefühle

All die wunderbaren, unvergleichlichen,
die im Echo der stummen Zeit
in Hohn und Spott
in mir widerhallen
und mich mitten in der Nacht,
schweißgebadet,
aus dem schwer erkämpften
Schlaf der nicht erreichten Gleichgültigkeit reißen.
All diese Gefühle erstarren
zu Eis, in meiner
Seele gefriert Blut –
und vermischt sich
mit Tränen der
Traurigkeit, die mich
erlösen.

Zukunft

Nun bist Du Gegenwart
Nun bist Du
Ich atme wieder tief und leicht
Ich lache wieder
Ich singe wieder
Ich träume wieder
Zukunft
Hoffentlich hast Du viel Zeit für mich. Ich möchte mein Herz
öffnen, den Menschen meine Liebe verschenken.
Zukunft –
ich weiß, daß Du viel Zeit für mich hast.
Du bist wie die Erde –
Rund –
Du bist wie der Himmel
– Ewig –

Sterne

Sterne über meinem Haupt
Sterne wunderbar und hell
Sterne voller Glanz
Sterne wie ein Freudentanz.
Tausend mal tausend
Unendlichkeit
leuchten die Sterne und
klagen ihr Leid.
Ein Stern leuchtet dort für jeden von Euch, doch nur wer sucht, der findet und wird reich. Ein Stern leuchtet dort in der Dunkelheit für Dich, meine Seele, in Ewigkeit,
was aber plagst und quälst Du Dich und denkst, was soll werden, das frag ich mich. Ein Stern am Himmel, der wartet auf Dich, drum lebe nur fröhlich und liebe Dich. Ein Stern am Himmel, der scheint für Dich, drum lebe nur fröhlich
und liebe Dich.

Der Meteorit

Ich hatte vor meinem Haus einen trostlosen Garten. Was ich auch tat, düngen, umgraben, pflanzen, gießen, hacken, alle Mühe war vergebens, und ich war traurig. Die Erde war schwer, die Schnecken fraßen den Salat, und die Blumen gingen ein. Ich nannte ihn den unbewohnten Garten. Doch eines Tages geschah es. Mitten am Tag gab es einen lauten Knall, und ein helles goldenes Licht erleuchtete den Himmel. Das Licht war so gewaltig, daß ich wie betäubt war vor Schrecken und Erstaunen. Als ich mich wieder beruhigt hatte, schaute ich zum Fenster hinaus und glaubte meinen Augen nicht zu trauen. Eine große goldene Kugel mit 2 m Durchmesser lag mitten in meinem Garten. –
Ich lief hinunter und konnte mich ihr kaum nähern, so viel Energie und Wärme strömte mir entgegen. Langsam nur konnte ich mich an sie herantasten, sie berühren und umarmen, um dann zu erkennen, daß ich sie wunderbar fand.
Doch schließlich spürte ich, daß die Wärme, die in mich hineinströmte, mich fast bewußtlos werden ließ. So gab ich mir einen Ruck und gab die Kugel wieder frei, um mich dann erschöpft auf mein Lager zu werfen und bis zum Sonnenaufgang zu schlafen. Dann, als ich das Fenster öffnete, glaubte ich, meinen Augen nicht zu trauen. Rosen, Tulpen, Mandelbaum, Orangenbaum, Zitronenbaum, Olivenbaum, Vögel, Bienen und alles um die Kugel herum über Nacht in meinem Garten gewachsen. Ich breitete meine Arme aus zum Himmel empor und sang.
Freude, schöner Götterfunken, Tochter aus Elysium, wir betreten feuertrunken, Himmlische, Dein Heiligtum.

Sonnenuntergang an einem heißen Sommertag

Himmel so satt und
so rot
Himmel, welch ein Himmel
Ich sehe ein Reich voll
Schönheit
Kleine Inseln, Seen,
Berge, Wälder,
sanfte rote Wolken
Flaumwolken

Rosen fallen nicht vom Himmel

Sie wachsen dort, wo ihre stacheligen Wurzeln in dunkler Erde vergraben werden. Rosen fallen nicht vom Himmel. Sie gedeihen nach dem Winter, wenn der warme Regen fällt und die Sonne ruft:
„Komm hervor und zeig mir Deine Schönheit!"
Ich will Dich bescheinen und Dir meine Sonnenstrahlen schenken, damit ich Deinen Duft riechen kann und mein Herz lacht und wir beide einen schönen Sommer genießen können!

Ich öffne mich

wie sich der Sonnenaufgang dem Tag öffnet. Ich öffne mich dem Leben, wie die Pflanze, die im Frühling die Erde verläßt.
Ich bin bereit, Glück des Himmels und Glück der Erde, bei mir Einlaß zu geben, bei mir aufzunehmen und wohnen zu lassen.
Ich bin bereit, einzulassen,
die Liebe, das Lachen,
die Schönheit, die Anmut,
die Begegnung, das Vertrauen,
die Geborgenheit, die Gerechtigkeit,
die Hoffnung, die Vertrautheit,
die Gemeinsamkeit,
die Einheit.
Ich öffne mich dem lebendigen
Sein.

Olivenbaum

2000 Jahre lebst Du schon,
läßt wachsen Früchte und Leben.
Du spendest Schatten, strahlst
Ruhe aus und Frieden.
Olivenbaum, Du bist stark,
denn Du hast viele Menschenleben.
Du kennst den Himmel,
die Hitze des Tages
und die Kälte der Nacht.
Die Kraft der Erde lebt
in Dir.
Olivenbaum, ich bin
sicher, Du warst dabei,
im Paradies.

Abendrot am Horizont

Abendrot am Horizont
hell und weit
keine Angst vor der Zukunft
Abendrot am Horizont
Frieden ruft die Taube
Freiheit sagt der Fuchs
Rettung lacht das Eichhörnchen
Abendrot am Horizont
Nimm mich in den Arm
Einheit verkündet
die Erde

Tanz in Pilion - Ostgriechenland

Du aber tanze - den Tanz Deines Lebens.
Auf Eselspfaden tief hinab zur
steinigen Küste.
Tanze mit den Steinen am Strand,
die ein Spiegel der Felsenküste sind.
Tanze zum Mittag schweißgebadet,
unter dem Schatten des Olivenbaumes
zusammen mit den Fliegen.
Tanze den Tanz Pilions.
Kalt und heiß.
Leicht und schwer.
Hoch und tief.
Langsam und schnell.
Im Rhythmus des Tages,
im Rhythmus des Meeres.
Tanze bei Blitz und Donner,
bei Sonne und Regen,
bei Freude und Trauer.
Tanze den Tanz Pilions.
Den Tanz der Blumen, der Bäume,
der Gräser und Farne, der Vögel,
der Katzen, der Hunde und der Esel,
der rauschenden Wasserfälle.
Tanze den Tanz der Kinder,
der Bauern, den Tanz der Griechen.
Tanze den Tanz des Himmels und
der Erde. Den Tanz der Begegnung
und des Abschieds.

Leichtigkeit

Ich will leicht leben,
leicht lachen,
mich dem Tag öffnen,
mit dem Leben fließen.
Ich will träumen - will versäumen.
Erschöpft sein - und unerschöpflich sein
Lachen, weinen,
Fehler machen,
verlieren und gewinnen,
umarmen und loslassen.
Narr sein und König sein.

Es gibt eine Zeit

Es gibt eine Zeit zu suchen
und es gibt eine Zeit zu finden.
Derjenige, der noch sucht,
der kann noch nicht finden.
Er braucht noch die Zeit
des Suchens.
Auf dem Weg sein,
noch nicht ankommen bei sich.

Aber dann, wenn Du finden willst,
dann wirst Du finden.
Wenn Du erkennen willst,
dann wirst Du erkennen.
Und wenn Du ein glückliches
Leben - leben willst,
dann wirst Du es leben.

Ein kleine Ahnung

Ich bin heute frei
von Gedanken, die mich begrenzen.
Ich lasse mich fallen
in die unsichtbare Welt.
Die Welt des Lichts und
die Welt der Engel.
Dieses unermeßliche Sein
der unsichtbaren Welt
offenbart sich in
der Weite und Schönheit des Meeres,
der Wälder, der Seen, der Flüsse,
der Berge, der Wüsten,
der Sonnenaufgänge, der Sonnenuntergänge,
aber das ist nur der Anfang,
das ist nur eine kleine Ahnung
von dem, was wir nur mit
dem Herzen sehen.

Kindheit

Es war einmal ein kleiner Mensch,
schon lang ist es her
und ist nicht mehr,
so klein und voller Glück und Lachen.
Die Tage lange - selig - und ohne Sorgen.
Ich war mir bewußt, wie schön ich es
habe und daß mein Herz so voll ist
mit Freude - zum Zerspringen.
Ich wollte gerne klein bleiben und
nicht erwachsen werden.
Doch unaufhaltsam erging es mir, wie
jedem von uns.
Den Schatz der verklärten Erinnerungen
trage ich in meinem Herzen.
Von der Zeit unbändigen, ungezähmten
Glücks. Erinnerungen an unendliche
Stunden in Wald und Flur.
Drachen steigen lassen, Verstecken
und Fangen spielen, Gummi hüpfen,
radfahren, Rollschuh laufen, „Kaiser,
wieviel Schritte gibst Du mir?" spielen.
Wir sprachen nicht von Langeweile.
Uns rief die Dunkelheit nach Hause und
riß uns aus dem nicht vollendeten Spiel.
Zufriedenheit nach einem ausgelassenen Tag
senkte unsere Glieder bleischwer in den Schlaf.
Mit der Vorfreude auf den kommenden Tag
schlossen wir unsere Äuglein in selige Träume
unbekümmerter Kindheit.

Mein Schatten - ein Phänomen

Den Mut haben, seinen Schatten zu lieben.
Meine Mutlosigkeit mir zumuten.
Sie mit Gleichmut annehmen.
Meine Angst mir eingestehen,
vor mir zugeben.
Mich zu ihr bekennen.
Meine Angst, das ist manchmal
mein Schatten.
Tiefe Erschöpfung,
das ist manchmal mein Schatten.
Wie gelähmt sein,
ohne Vertrauen zu mir,
das ist manchmal mein Schatten.
Meine lieben Schatten,
die ich mutig annehmen will.
Ihr seid ein Phänomen.
Schön, daß es Euch gibt.
Ihr schenkt mir ein weiches Herz,
Ihr schenkt mir Glauben und
Vertrauen lernen.
Ihr schenkt mir den Weg
in meine Mitte.
Ihr schenkt mir den Weg
zu Barmherzigkeit, Liebe,
Achtung und Geduld.
Ihr zeigt mir den Weg
zum Menschsein.

Der Gesang des Meeres

Die Dämmerung bricht an.
Das Meer ist von einem rot-goldenen
Schimmer durchzogen.
Das Wasser ist ganz ruhig und
nur kleine sanfte Wellen verlieren
sich am Strand.
Das Meer singt sein Lied.
Das ewige Lied.
Das Lied der Geburt,
das Lied des Trostes,
das Lied der Gnade
und der Hoffnung.
Das Lied der Schönheit.
Es ist das Lied der Wiederkehr,
der Auferstehung.
Lausche dem Gesang des Meeres.
Himmel und Erde verbinden sich.
Beim Gesang des Meeres verbindet
sich der Geist des Menschen mit
allen Menschen, denn der Gesang
des Meeres ist das ewige Lied
aller Menschen.

Gedichte und Geschichten, die mein Leben in den vergangenen 10 Jahren schrieb. Alles was ich aufgeschrieben habe, ist entstanden aus Glück, Leid, Freude, Trauer, innerer Ergriffenheit. Jedenfalls Gedanken, die ich in meinem Herzen durchlebt habe und dann früher oder später niedergeschrieben. Ich möchte allen Menschen danken, die mir Mut gemacht haben, meine Gedanken weiterzugeben. Mein Wunsch ist es, daß ich Ihnen, die Sie meine Geschichten und Gedichte lesen, Mut machen kann, Mut für ein reiches Leben. Reich an Gefühl, reich an Empfindungen, reich an Hoffnung, reich an Vertrauen in Ihren eigenen Weg.

Erika Kieser